Con todo mi ser

Alicia Gallego

Aliarediciones

Corrección: Julia Salas
Diseño de cubierta: Aliar Ediciones
Maquetación: Aliar Ediciones

Depósito Legal: GR 245-2024
ISBN: 978-84-10155-51-0

Impreso en España

Edita
ALIAR Ediciones
www.aliarediciones.es
info@aliarediciones.es

Con todo mi ser

Alicia Gallego

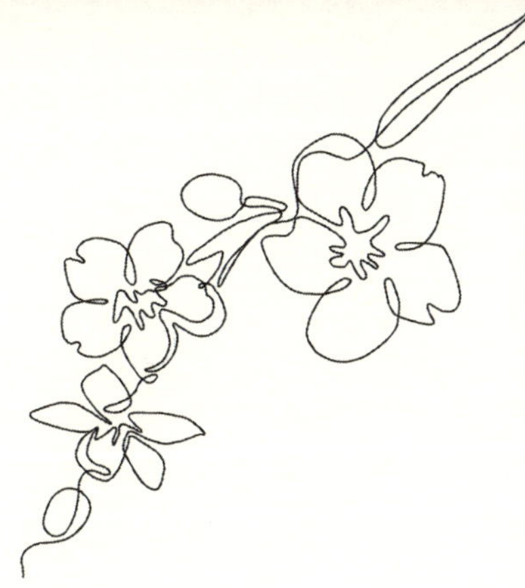

Para aquellas personas que disfrutan escuchando música mientras leen o escriben —como es mi caso—, y así se sumergen de lleno en la poesía, os dejo esta Playlist creada con cariño.

Que lo que canto no es más
que lo que llevo dentro,
que es todo lo que siento.

Valeria Castro - *dentro*

INICIO

Ella... soy yo

Chica de poemas y metáforas en vida.

Niña triste que sonríe hasta en el peor de sus días.

Ruina donde van a parar los sueños caídos, mar lleno de fe y desierto que alberga el olvido.

Corazón de cristal enamorado, que al mínimo golpe se rompe, pero siempre vuelve a reconstruirse —lo ha aprendido a base de caídas: que nadie, salvo sí misma, iba a pegarle los pedacitos rotos.

Ella, que aguanta tormentas y huracanes por ver a aquellos a los que quiere felices, aunque eso la destruya un poco. Porque cuando entras en su corazón y lo cuidas, hará lo que sea por ti, aunque no sea recíproco.

Ilusa, soñadora, insoportable... llámala como quieras, pero llámala.

Mente caótica, laberíntica, insegura, que lo mismo estalla de la risa o en un llanto, de la rabia o en un canto. Qué más dará.

Eso sí, siente como ninguna. No quiere a medias ni vive a medias. Si tiene que dar, lo da todo, no importa si suena a locura, pues más loco es que alguien consiga amarla, a pesar de sus debilidades, a pesar de sus miedos.

Suerte si la llegas a conocer de verdad, pues no se abre fácilmente y mucho menos a cualquiera.

Escribe mejor que habla, pues es chica de pocas palabras.

En ella habita el temor de que se cansen y se vayan de golpe, dejando su corazón marchito y a merced de que algún día vuelva a ser primavera.

—Es gracioso, tanta descripción para luego mirarse en el espejo y verse tan poca cosa.

Y, por primera y última vez, no estaba hablando de nadie ajeno a quien redacta estos escritos, como quien compone una melodía que sabe que jamás será escuchada. Por primera y última vez, me estoy refiriendo a mí.

Siento si suena egoísta.

2022

Querida Alicia,

Para qué engañarnos, las cosas contigo misma no van muy bien en este momento.

Te sientes chiquitita, y se te viene el mundo encima en cuanto te dejan un ratito a solas con tus propios pensamientos.

Estás en una batalla contra tu mente, pero la estás perdiendo.

Y yo sé que buscas ayuda, que quieres sanar, solucionarte a ti, a tu pasado y al presente que te atormenta. Y qué pena que no consigas encontrar en ti ese bote salvavidas en medio del naufragio que eres tú.

Claro que piensas que para tus seres más cercanos eres una carga, con tanta negatividad o falsa positividad, pero ya sabes que es porque llevas años en ese túnel oscuro buscando la salida. Y aunque a veces finjas que la has encontrado, tú y yo bien sabemos que no.

El autocompadecimiento no te va, eso está claro. Tú eres muy sentimental, pero siempre buscas la forma de analizar lo que te sucede para darle esa perspectiva más «racional». Pero ¿por qué no lo haces ahora?, ¿por qué pones un muro entre tú y la realidad?

Ojalá llegue pronto el día en el que puedas ver todo lo que sucede con otros ojos; en el que no le des tanta importancia a cosas que solo están en tu cabeza, buscando el mejor momento para salir y hacerte daño.

Ojalá llegue el día en el que te quites «el filtro de rechazo» por el que filtras todo lo que te sucede, haciéndote muy vulnerable, no a los demás, si no a ti misma.

Porque tú y tu mente sois tu propia enemiga.

Porque hasta que no llegue el día en el que te quieras por encima de todo...

...nunca sanarás.

PROCESO

I

Empezar nuevas rutinas no suele parecer fácil.
Dejar de levantarte tarde para no pensar,
y sustituirlo por madrugar e ir a ver el amanecer.

Sorprender a la mente, mantenerla ocupada,
no darle ni un minuto de espacio
para llenarla de negatividad.

Repite conmigo:
«todo está bien en mi mundo».
Y así hasta que cale en el alma.

Supongo que esa es la esencia.
Que todo pase,
que todo quede.
Pero que lo nuestro siempre será
cambiar.

II

Hoy vuelve.
Regresa el pasado
a perturbar la calma del corazón.
Te intenta hacer caer.

Se te hace un nudo en la garganta,
y se te cierra el estómago,
y lloras.

Piensas que no vas a poder salir de ahí,
que todo te viene muy grande,
porque tú eres muy chiquitita.

Pero sales, créeme.
Respira, que se puede.

Cae, límpiate el polvo y levántate.
Una vez más.

Por ti.

III

Cuando empiezas a cuidarte
has de pensar que ningún proceso
es lineal.

Avanzamos tres pasos, retrocedemos dos,
pero siempre estamos en continua mejora.

Te sumerges en un mar de dudas:
por qué aún te saboteas con aquello que duele,
por qué tu mente sigue en tu contra,
si en teoría estás haciendo lo que deberías.

En teoría.
Pero es que la vida es práctica
y además experta en ir contra nuestras expectativas.

Así que no esperes ir deprisa
porque ni esto va tan rápido,
ni las cosas salen al pie de la letra,
ni tú has dejado de ser tu propia enemiga todavía.

Así que paciencia.
Que si de tres pasos
has acabado avanzando uno,
al menos has seguido adelante.

IV

Hablamos demasiado de lo que cuesta,
de lo negativos que se vuelven nuestros pensamientos,
del sentir que caminamos sin rumbo.

Tenemos miedo de expresar nuestro avance,
como si el verbalizarlo volviera todo en contra
y comenzara la tormenta de nuevo.

Pero ya te estás alejando de ella.
Ya no puede hacerte tanto daño.

Sientes
que poco a poco vuelves a poder con todo;
que aquello que te angustiaba
va teniendo menos cabida en tu mente.

Aprendes
a vivir con más calma,
a priorizarte y darte tu verdadero valor.

Y tienes una energía más bonita.
Los demás lo notan,
pero, sobre todo, tú lo notas.

V

Cuando llega el momento
en el que sueltan tu mano
para poner en práctica todo lo aprendido
te vuelves consciente de lo difícil que resulta.

No basta con hablar de priorizarte
o de vencer a tu mente,
pues también has de plantarle cara
a aquello que te hace sufrir.

Se vuelve un reto el caminar junto a alguien
mientras luchas contra el huracán que te envuelve,
que os envuelve.

Poner consciencia al problema,
confrontarlo,
y, al final, sopesar si de verdad merece la pena.

Colocar los sentimientos en una balanza
sustentada por la razón
y tomar la decisión que, ante toda consecuencia,
te traiga una mayor paz.

Pero siempre sabiendo y llevando por bandera
que no es el uno contra el otro,

sino los dos
contra
todo.

VI

La sensación
de que se te ensancha el pecho
y vuelve a latir el ventrículo izquierdo
tras la tormenta.

PUNTOS DE LUZ

Ítaca

Con referencia a Konstantino Kavafis

Desde que iniciamos nuestra travesía adquirimos la mala costumbre de querer llegar cuanto antes a la meta.

Buscamos atajos y no nos paramos a observar la belleza del paisaje. Luchamos, con todas nuestras fuerzas, para saber qué hay en nuestro destino. Y nos olvidamos de lo más importante: el camino.

Solemos lastimarnos por el hecho de que «no recordamos nada de nuestro día a día», pero, yo pregunto,

¿quizá no será porque no nos paramos a fijarnos en lo bonita que es la flor del sendero?, ¿o el aroma que desprende una mañana de verano a orillas del mar?

Estamos tan cegados con la ilusión de la cumplimentación de nuestros objetivos que nuestro viaje, a pesar de ser lo que de verdad nos enriquece, queda descuidado.

Y es que Ítaca siempre va a estar esperándonos al final, pero es decisión nuestra cómo trazamos nuestro rumbo.

Porque a pesar de que nos digan que «no hay nada seguro salvo la muerte», sí que hay algo más, aunque pase desapercibida, y es la vida.

Porque eso es el camino a Ítaca. Porque eso somos nosotros.

«Ojalá...»

Vía de escape en mis momentos más difíciles,
intento de rayito de esperanza
o de mirada hacia un momento

en el que todo hubiera podido ser mejor.

Hoy descubro que,
en lugar de ser aliado,
eres cómplice de mi peor enemigo.

Y yo confiaba en ti
como un salvoconducto alentador,
pero causaste estragos en mí.

Porque la realidad es que solo sirves
para no ocuparnos del ahora,
y en su lugar pre-ocuparnos y lastimarnos
por un futuro
o un pasado

que no existe.

Pido perdón,
por depender de ti más de la cuenta.

Amor propio

Nadie me dijo nunca
lo mucho que dolería depender de alguien.

Pensar
que no eres lo suficientemente buena,
lo suficientemente válida
para que te quieran.

Sentir que cualquiera
en cualquier momento
se va a ir de tu lado
porque no mereces la pena.

Pero al final
nos vemos obligados a entender
que las personas son complementarias
a lo que ya valemos.

Porque no necesitamos a nadie
para ser felices.
Porque lo único que importa es el amor
hacia uno mismo.

Conocernos y respetarnos,
tal como lo haríamos por aquellos

a los que habíamos puesto
en el centro de nuestra vida.

Y a estos
desplazarlos a un lado,
pues ese espacio ya está reservado
para nosotros.

Porque al final, en esta vida
al único que vas a tener siempre a tu lado
es a ti.

Puente

Con referencia a Julio Cortázar

Escúchame,
no es tu culpa si no te escuchan
en un intento por comunicar.

No es tu culpa
si te esfuerzas porque el barco salga a flote,
pero que se acabe hundiendo.

Porque recuerda que toda relación
es cosa de dos,
no de uno.

Y aunque duela,
si hay que forzar al otro
para que un gesto, una palabra o un cambio ocurra,
realmente no estás en tu lugar.

Así que plantéate
si merece la pena seguir intentándolo
por ese amor,
por esa amistad,
que no sirve de puente
porque solo se sostiene de un lado.

Perseverancia

Ser, al fin y al cabo,
como aquella gota
que en su constancia
acabó perforando la piedra

que soy yo.

A ti

Desearía que por un segundo todos los relojes se pararan,
dejemos de lado lo que nos atañe,
y respirar.

Anhelo ese instante en el que el miedo se va,
en el que el tiempo cesa de importar,
para así ser puramente nosotros.

Y es que hoy quiero hablarte a ti, a tu corazón.

Aquel que has escondido tras un muro
que con mucho cuidado te has forzado a construir
para que nadie entre
y así nada te lastime.

Te acostumbraste a ocultar el dolor,
lo guardaste en una caja bajo llave
y lo enterraste en lo más profundo de ti.

Pensaste
que este era el único modo
en el que dejarías de sentirte una molestia.
Y te autoconvenciste de que siempre debías
aparentar estar bien.

Pero lo que no sabías era que, si el sufrimiento perdura,
si no le permites escapar,
este deja una herida tan profunda
que por sí sola no puede sanar.

[He aquí una buena noticia:
nunca es demasiado tarde,
no todo está perdido].

Por ello, no te silencies,
ni trates de enmudecer los latidos de tu corazón.
Porque lo que no se escucha,
lo que no se llora,
te acaba convirtiendo en náufrago de tu propio océano,

navegando a la deriva.

Ven,
dame la mano.
Déjame ser tu bote salvavidas.

Dame la posibilidad de ver más allá.
Date la posibilidad de verte como yo te veo,
de perder el miedo a sentir.

Te prometo que derrumbaremos ese muro,
juntos.

Ecuación de Dirac

Porque no importa el tiempo que pase
ni la distancia que nos separe,
tú,
que apareciste en mi vida casi sin querer,
siempre llevarás un trocito de mí...

... y yo de ti.

Así es la infinita conexión entre dos personas.

Soy, aunque a veces no esté

Chiquitica,
llegaste con el corazón agrietado
y el alma cansada de tanto luchar.

Era tu último aliento,
pero llena de incertidumbre
te lanzaste al vacío.

Y sobreviviste.

Hoy estás en mitad de un camino
en el que has aprendido a ver las rosas,
y ya no te hacen tanto daño las espinas.

Sigues tropezando,
pero ya no es tan dura la caída,
ya no te sangra en exceso la herida.

Estás volviendo a ser.
Y estás preparada,
[estoy preparada.

Porque yo ahora sí que soy
aunque a veces no esté,
y eso me lo debo.

Apricity

Mirar(nos)
como quien se sienta en la arena
a ver una puesta de sol
en pleno invierno.

Y sentir paz.

Poesía

Con referencia a El club de los poetas muertos

Condición humana que reina innata en nosotros,
me has dado la oportunidad de transformar,
verbalizar y liberar
mis más profundos tormentos.

Y aunque siempre pensé que esto que hacía
era escribir múltiples vocablos bien ordenados,
como a quien le arde la necesidad
de quemar un diario con su pluma
y luego arrancar las páginas una a una,
ahora entiendo su verdadero poder.

Porque la poesía tiene la capacidad
de mover el mundo
desde lo más recóndito de nuestro ser:
nuestro corazón.

Porque leemos y escribimos poesía
en tanto a que pertenecemos a la raza humana,
y por ende estamos hechos
de pasión.

Y es que, al final, siempre proseguirá
el poderoso drama,
y todos podemos contribuir
con un verso.

Así que, mi pregunta es
¿cuál es vuestro verso?

Inconsciencia

A todas aquellas personas
que desean vivir en la inconsciencia
porque piensan que ello va a traer consigo
una mayor felicidad.

Hoy vengo a sacarles las garras
y arañarles el alma,
para dejar que brote
todo lo que esconden dentro.

Y es que resulta realmente cómodo
ser unos vientres sentados
que cargan su peso a una sociedad
marcada por la indiferencia
y el individualismo egoísta.

Conllevando así a una retroalimentación
condenada al irremediable fracaso.

Todo porque no nos place percatarnos
de la inexcusable necesidad
de priorizar la ocupación interna,
poniendo el foco de justificación
en los descuidos ajenos.

Pero aceptarnos incluso en lo ingrato
y poner consciencia a lo que nos atañe
evitando caer presos de la ignorancia
no nos traerá otro fin
sino la liberación de aquella cárcel innata:
nuestra mente.

Porque os aseguro
que no existe mayor libertad
que caminar desde la consciencia
y de la mano del amor.

Fèminisme fatale

Ha pasado mucho tiempo
pero sigues conservando tu esencia.
Dudo si alegrarme
o preferir ahogar mi grito a través de las letras.

Te enorgulleces de ser una lucha eterna
arraigada en nuestro fuero interno
y dominada por las voces
que intentaron hacer callar.

Mas en el fondo solo buscas sentarte y respirar.

Y eso que has sido quemada en la hoguera
y disparada en la trinchera.

Me sorprende que aún te queden fuerzas
para seguir en pie.

Supongo que de eso se trata:
no ceder ante la adversidad.
Mas, lamento decirte que todavía
queda mucho por lograr.

Porque aún hay corazones
que, a pesar de que su latido sea tan fuerte
como para acabar con esta guerra,
siguen sin querer escuchar.

Porque aún se tambalean los cimientos
de nuestra revolución,
ya que seguimos manchándonos las manos
con la sangre de nuestras iguales.

Tristemente no has dejado de ser,
para muchos, más de labia que de actos.
Pero las palabras se las lleva el viento
y con ellas la falsa hermandad.

Pues, lamento deciros,
que a este feminismo
aún le falta
unidad.

Tenían razón

Pasado un tiempo,
tras muchos daños acumulados,
batallas perdidas y guerras ganadas,
terminas entendiendo eso que dicen
de que la herida si escuece es que cura.

Pues a veces necesitamos
indagar hasta lo más profundo
de nuestra aflicción
y removerlo todo
para sanar aquello que parecía
incurable.

Un beso al corazón

¿Cómo llamarías al amor?

Si no es salir a volar
y tener siempre a la vuelta
un hogar al que regresar.

Trinchera durante la guerra (*tu guerra*)
en la que por fin puedes respirar
algo de paz.

Lanzarse al vacío sabiendo
que te espera con los brazos abiertos
para cogerte antes de que caigas.

Ser apoyo incondicional,
y abrazar la herida,
sobre todo cuando más duele.

Al fin y al cabo, ser y estar.

Pero me gusta más como tú lo llamas:
«un beso al corazón».

Tú

Eres luz y oscuridad, brisa y huracán,
frío y calor,
carcajada en medio de un llanto y lágrimas durante la risa.

[Eres.

Eres esa serie de antónimos
que anhelas en tu vida.

Pero, sobre todo, eres salida de emergencia
en caso de incendio.

Mi incendio.
Ardamos juntos.

/ə/

[Música encendida, luces apagadas y el corazón en su máximo latido]

Esta historia (la nuestra) es una canción inacabada
que empezó hace cuatro años.

Una melodía que se originó uniendo versos sueltos
que parecían no encajar,
pero acabó convirtiéndose
en la composición más armónica que se haya podido escuchar.

Nadie sabe si fue casualidad
o si fue el destino
queriendo enlazar nuestros caminos por pura diversión.

Pero desde ese instante me di cuenta
de que había estado naufragando a la deriva
en busca de aquel momento.

Me di cuenta de que ya no podría vivir
sin esa melodía,
pues se convirtió en la banda sonora de mi vida.

Y lo que olía a miedo y a incertidumbre
lo acabasteis transformando en entusiasmo y suerte.

[La mía de teneros.

Y es que sois alma, verso y poetas.
Y es que os habéis convertido en refugio, trinchera y hogar.

Por eso os prometo que si os vais
sentiré un gran vacío en el pecho izquierdo.
Como quien mira al cielo en medio del mar
en busca de alguna estrella que le guíe,
pero solo ve la más oscura de las noches.

Porque personas como vosotros
solo pasan una vez en la vida.
Por eso nunca dejaré de buscaros en el camino.

[La música continúa]

Lección (re)aprendida

Puedes llamar «hogar» a otra persona,
pero que no te engañen:
tu principal hogar siempre
debes ser
tú.

«Ama tus tormentas»

Como quien tímidamente dice
que las peores tormentas llegan de noche
pero no sabe que es porque
llevas reteniendo la lluvia durante el día.

Qué ingenua te ves
prohibiéndote sentir y soltar
por puro miedo.

Ahora yo te pregunto,
¿a qué temes?

Si vivimos asustados de la lluvia
nunca podremos sentirnos plenos
cuando nos de ese rayo de sol en la cara.

Ahora párate y reflexiona:

Si siempre te has sentido
como una bomba en constante cuenta atrás
quizás es porque aún no te has dado tiempo
a amarte en pleno huracán.

PUNTOS DE CONSCIENCIA

1. Tú, por el hecho de ser persona, ya eres todo. Por lo tanto, no necesitas hacer ni tener nada extraordinario para **ser**.

2. Eres al cien por cien **responsable** de ti mismo.

3. Los demás no tienen capacidad de hacerte daño, a no ser que tú les des esa capacidad. Y si lo permites, entonces el daño te lo estás ocasionando únicamente **tú**.

4. Cuando nos tachamos de remplazables, insuficientes o dependientes de alguien, no nos estamos tratando como la persona valiosa que somos. Ni siquiera nos estamos tratando como personas, sino que nos estamos **cosificando**.

5. ¿De qué cosas realmente importantes no te estás ocupando cuando dejas a tu cabeza *sobrepensar* y herirte? No te **autosabotees**.

6. Nada significa **nada**, solo aquello que yo quiera que signifique.

7. Las excusas nos impiden **crecer**.

8. Nuestro inconsciente no entiende el «**no**», así que comienza a hablarte en afirmativo y positivo para que cale en el alma.

9. Todos y cada uno de nosotros lo somos todo, tanto de lo bueno como de lo malo, y nada nos **define**.

10. Las **palabras** que utilizamos para referirnos a nosotros mismos tienen un gran poder sobre nuestra mente.

11. La **energía** que desprendemos y que predomina en el corazón es directamente proporcional a la que atraemos.

12. Cuando conocemos y conectamos con alguien, realmente nos estamos conociendo a nosotros mismos en ese **alguien**.

13. El **tiempo** no lo cura todo. Lo que sí lo hace es la forma en la que nosotros trabajamos el tiempo.

14. El dolor es inevitable, pero el sufrimiento es **opcional**.

15. Todo lo que vivimos lo pasamos por el filtro de la **interpretación**. No hay verdades absolutas, sino hechos que interpretamos y tendemos a aceptar como única realidad.

16. Cuando nos comentan algo que molesta de nosotros, tendemos a tomar una actitud defensiva porque lo vemos como un «ataque a nuestro yo»; en cambio, la opción más sana es percibirlo como una oportunidad de **mejora**.

17. Para superar el pasado y avanzar, lo primordial no es perdonar a los demás, sino **perdonarnos** a nosotros mismos y amarnos en lo que fuimos.

ADVERSIDADES

Marzo (vol. I)

La resaca emocional que deja la incertidumbre del corazón.

El autoconsumo del ser humano por su propia mente
hasta dejar marchita la última instancia de esperanza.

El miedo de vivir esperando un mensaje, una señal,
una aclaración que nunca llega.

Y esperarte lo peor.

Porque de ilusiones se vive,
pero de desengaños se muere.
Y se mata.

Porque dentro del pecho hace frío,
tanto que quema, abrasa, hiere.

Y se abre una herida inevitable
de la que brota tanta sangre como lágrimas.
Pero no se derraman.

Se quedan ahí obstruidas,
acumulándose calladas aguardando
a que la última gota que colma el vaso

destruya lo poco bonito
que pueda haber oculto
tras ellas.

Marzo (vol. II)

Esa sensación de rabia que te consume
como las llamas en un incendio.
La necesidad de gritar, de soltarlo todo en un estruendo.

Pero lo haces tan alto que nadie te escucha.
Y te conviertes en aquel árbol que cae en medio de la nada,
y su suicidio se transforma en silencio.
E indiferencia.

Tener la dicotomía del sentimiento
que separa tu mente de tu corazón.

Porque cuando el deber y el querer no van de la mano
todo se vuelve tan nublo
como la boira que envuelve el mar
y no te deja ver el horizonte.

Te odio y te quiero.
Necesito alejarme de ti, pero no puedo.
Recuerdo todo el dolor que me has causado,
mas tu sonrisa hace que me olvide por un instante de todo.

Y eso está mal.
Y yo estoy mal.

Pero ¿qué hago yo?
Si vivo naufragando de infierno en infierno.

Como quien en vez de buscar
la salida de emergencia en caso de incendio
se queda al lado de las llamas
para ver si le dan un poco
de calor.

Soltar

De nada sirve aferrarse a una cuerda
si tenerla entre tus manos
te provoca más dolor
que cuando prescindes de ella.

Y al entender esto es entonces
cuando sientes
alivio.

Ansiedad

La falta de aire,
el corazón a punto de estallar en el último latido
como queriendo salir del pecho.

Huir, sin más.

La vida arrugándose como una hoja de papel usado,
plegándose hasta convertirse en algo tan insignificante
que acaba siendo olvidado en un rincón.

Aquel donde van a parar los restos de los poemas
que traté de escribirte, pero que nunca
se transformaron en las palabras correctas.

Esas con las que intentaba decirte lo mucho que me dolía
la distancia,
la incertidumbre,
la inseguridad.

El miedo que rodea toda una vida de tristezas, de sonrisas
forzadas
con la intención de parecer estar bien.

Aparentar.

Cosa que ha ido calando en el lado izquierdo del pecho,
y ahora se ahoga en un mar de lágrimas no derramadas.

Que oprime el pulmón izquierdo;
y este a su vez lucha en duelo con el derecho para salir a flote.

Pero naufragan,
se hunden,
les falta el aire.

Prioridad

Marchita mi corazón ante la incertidumbre
y el dolor de no saber si realmente
ocupo un espacio
en tu mente y corazón.

Basta

Qué peligrosa es nuestra mente,
dispuesta a atacar cuando bajamos la guardia,
cuando ya nos habíamos convencido de ser fuertes,
y de poder comernos el mundo a cada paso.

Qué adversa es la vida,
tratando de complicarnos el camino de vez en cuando

por pura diversión.

Procuras repetirte que «todo está bien»
una
y otra
y otra vez,
pero no surte efecto.
En el fondo sabes que todavía es demasiado pronto

para que todo esté bien.

Así que calla.
Cierra los ojos.
Deja fluir esa lágrima que tienes atrapada entre tus pestañas.

Ya habrá tiempo.

Por ahora permítete,
a veces,
estar mal.

Conversaciones durante la tormenta

Perdón por no valorar tanto tus «te quiero»,
ahora me doy cuenta de que,
aun siendo escasos,
no quiero perderlos.

Huracán

Quizás,
si fuera un desastre natural
sería un huracán.

Me creo sutilmente,
mas en el instante menos esperado
me convierto en puro caos.

Una lluvia incesante brota de mis ojos,
trayendo consigo un temporal
que arrasa con todo y todos.

Y cuando me voy
la calma vuelve a reinar
los corazones de aquellos lastimados
por mi culpa.

Definitivamente,
sería un huracán:
y no sabéis cuánto lo lamento.

Deterioro

No nos engañemos,
una flor no puede crecer
en un campo de minas:

Se acaba marchitando.

Destino

Cúrame tiempo,
pasa para mí
sálvalos a ellos.
«Sargento de Hierro» – Morgan.

Siempre he tendido a creer
un poco en el destino,
salvación de los que vivimos
naufragados a la deriva.

Y cada noche,
al cerrar los ojos, me repetía
que solo necesitamos tiempo
para curar nuestras heridas.

Mas aquí sigo
con el cansancio sobre mis pestañas
y el desgaste que yo misma me causo
en el corazón.

Y es que dentro del pecho izquierdo
aún quedan algunos retales de frío
que no se proponen salir
por la punta de mis dedos.

Mientras se convierten en delatores
reflectando mi propia alma en mis manos,
marchitada por el incesante invierno
que había arraigado dentro.

Pero aunque a veces me pierda
sin saber por qué ni dónde,
no me despediré
hasta mi último aliento.

Recordari

Paseando por mi mente,
me dejo invadir por la imagen de esas personas
de las que por pura causalidad
bifurqué mi camino.

Aquellos que me enseñaron
mis facetas más felices,
pero también las más tristes
tras su marcha.

Aquellos que marcaron mi memoria
de manera imborrable
porque abrieron una herida
que nunca terminará de cicatrizar.

Sin embargo, luego me sorprendo
quemando las fotos de los álbumes
con la ingenuidad de una niña pequeña
que piensa que así
[los recuerdos dejarán de doler.

Sin embargo, luego me sorprendo caminando
inconscientemente por la ciudad
mientras dejo que se marchiten mis pestañas
al revivir la imagen de esos instantes
en los que creía ser feliz.

Cuando realmente fueron momentos
en los que poco a poco me destruí.

Perdóname

Mi niña:

Revivo los momentos
que se quedaron grabados
en aquellas cintas de *cassette*
además de en el corazón.

Y necesito pedirte perdón.

No sé si tu luz se ha apagado,
ha cambiado de color
o de intensidad.

Pero siento que te he fallado.

Ya apenas sale de mí
esa sonrisa tan pura,
ni se me achinan los ojos como antes.

La carcajada la cambié por el llanto
en las noches donde la madrugada se hacía eterna
hasta que conseguía conciliar el sueño.

Las personas se han ido marchando.
Cada vez quedan menos,
y ya nada se siente igual de bien.

Te llenas de miedo,
de incertidumbre,
de arrepentimiento.

Si tan solo pudiera abrazarte
una vez más,
te pediría mil disculpas
por lo que no supe luchar.

FINAL

Ella... soy yo, tiempo después

Chica de poemas y metáforas en vida.

Niña consciente que le ha ganado la guerra a su mente.

Ruina donde los sueños caídos no duelen, mar lleno de fe, y desierto que no deja cabida al olvido.

Corazón de cristal enamorado, que ni el mínimo golpe la rompe, ya que sabe cómo reconstruirse y no volverse a quebrar.

Ella, que aguanta tormentas y huracanes por ver a aquellos a los que quiere felices, pero ya no deja que eso la destruya, porque conoce su lugar y actúa desde el amor (propio). Eso sí, cuando entras en su corazón y lo cuidas, hará lo que sea por ti, siempre que sea recíproco.

Ilusa, soñadora, insoportable... llámala como quieras, pero llámala.

Mente caótica y laberíntica, pero segura, que lo mismo estalla de la risa o en un llanto, de la rabia o en un canto. Qué más dará. Si es capaz de abrazar toda emoción.

Y es que, siente como ninguna. Sigue sin querer a medias y mucho menos vivir a medias.

Suerte si la llegas a conocer de verdad, pues no se abre fácilmente y ni siquiera a cualquiera.

Escribe mejor que habla, pues es chica de pocas palabras.

En ella ya no hay temor de que se cansen y se vayan de golpe: sabe y acepta que toda persona es temporal. Y por ello se ha convertido ella misma en causa y consecuencia de la imperecedera primavera de su corazón.

—He aquí otra gran noticia: ya no se mira al espejo y se ve poca cosa, ahora lo es todo.

Y, a pesar de haber dicho que sería la última vez, no estaba hablando de nadie ajeno a quien redacta estos escritos, como quien compone una melodía sabiendo que va a ser escuchada por todos. Hoy he vuelto a referirme a mí.

Siento si suena egoísta.

2023

Querida Alicia,

Poco a poco, lo estás consiguiendo.

Ya no te sientes tan chiquitita; de hecho, has aprendido a ver que eres más fuerte de lo que pensabas.

Sigues en una guerra con tu propia mente, pero la estás ganando. Y, aunque a veces se te venga el mundo encima cuando te quedas a solas con tus pensamientos, sabes buscar la salida de emergencia.

Porque te has convertido en tu propio salvavidas.

Y aun naufragando en ti, te has podido percatar de que no eres una carga para nadie, de que te acompañan porque realmente (te) quieren.

De hecho, tu energía ha cambiado. Has recuperado tu luz. Y qué bonita es.

El día del que hablabas ha llegado: ese «filtro de rechazo» se está disipando y puedes verlo todo desde la consciencia, sin autosabotajes ni compadecimientos innecesarios.

No has sanado, pero porque ciertamente no necesitabas sanar, pues no estabas enferma. Solo requerías desmontar las concepciones instauradas en lo más profundo de tu mente.

Seguís siendo enemigas, pero ya no (te) eres vulnerable.

¿Te das cuenta de lo que esto significa?

Ahora sí que estás lista para vivir... con todo tu ser.

AGRADECIMIENTOS

Si pudiera hacer recuento de las palabras que más digo en mi día a día podrían destacar dos, entre muchas otras: perdón y gracias. Aunque después de abrirme en canal con algo de miedo y cautela, hoy solo tengo palabras de agradecimiento.

A mamá, papá y David, por apoyarme en todo momento en la cercanía y la distancia.

A Juan, por todo, absolutamente todo.

A mis amigas, por aguantar cada una de mis lágrimas con la misma energía que las primeras y ayudarme a reír entre medias.

A Verónica Arróniz, por guiarme para vivir con consciencia.

A mi familia, desde luego, que son los mejores.

A Lunita, porque su compañía me alegra la vida.

Y por último, pero para nada lo menos importante, quiero mandar un beso al cielo. Os echo de menos.

No me quiero olvidar tampoco de todo el equipo de Aliar Ediciones, por cometer la locura de confiar en mí y haberle dado una forma tan bonita a esto.

Y por supuesto, mi mayor gracias es a ti. Sí, a ti, querido lector. Gracias por abrazar con cariño este libro y hacer tuyo este proceso y mis palabras.

Espero que os haya gustado.
Nos vemos pronto.

ÍNDICE

Este libro se terminó de editar en Granada
en febrero de 2024 por

Aliarediciones

www.aliarediciones.es
info@aliarediciones.es